I0158597

* 9 7 8 0 9 9 8 5 1 5 7 8 6 *

بسم الله الرحمن الرحيم

تیرے نام سے ابتدا کہ تُو حرف کو شرفِ قبولیت بخشتا ہے

صدائے سُخن

خواجہ وہاب صابرؔ

First Edition: September 2018
Book Name: Sadaye Sukhan
Category: Urdu Poetry
Poet: Khwaja Wahab Sabir
Title: Raja Ishaq
Poet's Email: khwajawahab@sbcglobal.net

Language: Urdu
Publisher: Andaaz Publications
                      4616 E Jaeger Rd
                      Phoenix, AZ 85050 USA
Email: admin@andaazpublications.com
Ordering Information: Available from amazon.com and
                      other retail outlets

ISBN: 978-0-9985157-8-6

andaaz
PUBLICATIONS

انتساب

نفیسہ وہاب، مسرّت سلطانہ
اور
میر سلامت علی کے نام

دیکھا ترا جمال تو محسوس یہ ہوا

دل چاند دیکھنے کی تمنّا سے بھر گیا

صابرؔ

جو سامنے ہے، صرف جہاں میں وہی نہیں
ڈھونڈو اگر تو چاند ستارے ہیں اور بھی

صابرؔ

چاہتے ہم بھی ہیں اُسے دل سے

یہ اُسی نے بتایا پہلی بار

صابرؔ

ترتیب

بزرگوں کی عطا

یہ ۱۹۷۸ کی بات ہے جب اعلیٰ تعلیم اور بہتر زندگی کی غرض سے میں نے پاکستان سے ہجرت کی ٹھانی اور امریکہ میں شکاگو کو اپنا پہلا مسکن بنایا۔ اسے ہجرت کی بجائے نقل مکانی کہا جائے تو بہتر ہوگا کیونکہ ہجرتِ عظیم تو ہمارے آقائے دو جہاں نے کی اور دوسری بڑی ہجرت میں نے اپنے والدین کے ساتھ کی جب ہم نے اپنا گھر بار حیدرآباد دکن میں چھوڑ کر خاک اور خون کا دریا عبور کر کے پاکستان میں ایک نئی زندگی کی ابتدا کی۔

ہمارے گھرانے میں ہمیشہ ایک ادبی ماحول رہا۔ میری دادی کی گود کے لمس کی حرارت کے ساتھ اُن کے اندر پوشیدہ شعری ذوق بھی مجھ میں سرائیت کرگیا۔ وہ خود بھی شعر کہتی تھیں اور اپنے نام کے ساتھ عاجزہ تخلّص کرتیں تھیں۔ اُن کے چند مصرعے ملاحظہ ہوں۔

موسیٰ سا دل سہم گیا تیرا جمال دیکھ کر
طُور اُدھر سلگ گیا شانِ جلال دیکھ کر

نُور میں نُور جب ملا عرش کا راز کُھل گیا
آپ خدا فدا ہُوا اپنا کمال دیکھ کر

عمر کے ایک موڑ پہ اگر چہ اُن کی بینائی نے جواب دے دیا لیکن اُن کا ادبی ذوق بدستور جاری رہا۔ جب اُن پر شاعری کا نزول ہوتا تو میں اُن کی شاعری کو اُن کے لیے تحریر کرتا اور شاید یہی وہ موقع تھا جس نے میرے اندر شعری حسّیت کو بیدار کیا اور میں صحرائے سخن کی خاک چھاننے نکل پڑا۔

میں اپنے اس شعری ذوق کو اپنے بزرگوں کی عطا سمجھتا ہوں اور اُن کے لیے دعا گو ہوں کہ اللہ اُنہیں کروٹ کروٹ جنّت نصیب کرے (آمین)۔ آپ کی خدمت میں میرے دل کی آواز اور احساسات پیش ہیں، گر قبول اُفتد زہے عز و شرف۔

خواجہ وہاب صابرؔ

تہذیبی روایتوں کا امین

صابر صاحب سے ملاقات کئی برس پہلے اُردو اکیڈمی شمالی امریکہ کی ایک محفل میں ہوئی اور پھر یہ ملاقات بہت جلد دوستی میں تبدیل ہوگئی۔ ٹھنڈے مزاج کے نہایت شائستہ انسان۔ ہماری تہذیبی روایتوں کے امین، گفتگو اور ادب و آداب میں سلیقہ اور قرینہ۔ ان کے شعری مجموعے کا مسوّدہ میرے سامنے ہے جو عزیزِ محترم فیاض الدین صاحب کے توسّط سے مجھ تک پہنچا ہے۔

صابر صاحب کی شاعری میں غور و فکر کے عناصر، طرزِ بیان کی دلفریب سادگی کے ساتھ نظر آتے ہیں۔ روایت کی پاسداری ان کی شاعری کا خاصہ ہے۔ آدابِ شاعری سے مکمل آگاہی اچھی شاعری کی سند ہے۔ زندگی کا مشاہدہ عمیق ہے۔ خارجی دنیا کی تصویر کشی سے ہنر مندی عیاں ہے۔

سخن کا سلسلہ کچھ یوں لگتا ہے کہ جہاں کسی مضمون نے ہمارے شاعر کے دل کے دروازے پر دستک دی انہوں نے اس خیال کو لفظوں کا لباس پہنا کر سخن کی دہلیز پر لا سجایا۔ مضامین میں روایتی ہونے کے باوجود تنوّع کا عنصر پایا جاتا ہے۔ انسانی خواہشات کے نتیجے میں جو کیفیات جنم لیتی ہیں، اُنہیں صابر صاحب نے کس خوبصورتی

سے سمیٹا ہے، دیکھئے!

دیکھا تجھے تو دل نہ رہا پاس میں مرے
الزام یہ بھی عشق میں تیرے ہی سر گیا
دونوں طرح کا کیف رہا عشق میں مجھے
صابرؔ جیا تو خوب مگر اُس پہ مر گیا
دل کی گہرائی میں رکھا ہے تجھے
اس خزانے کے طلبگار بھی ہیں

صابر صاحب نے دنیا کو مختلف زاویوں سے دیکھا اور پرکھا ہے۔ اس شعر میں شوخی دیکھئے اک اندازِ دلربائی کے ساتھ:

اس بہانے نظر تو آئے وہ
اک ملاقاتِ بے رخی ہی سہی

عصرِ حاضر میں دوست کی تصویر بدلتی جا رہی ہے، بلکہ بدل چکی ہے۔ ایسے دوست سے تو دشمن اچھے قسم کی طرزِ احساس پھیلتی جا رہی ہے۔ انتہائی مسرت کی بات ہے کہ صابر صاحب کے ہاں روایتی دوست کا تصوّر اور تصویر دونوں برقرار ہیں۔

بہت سے چاہنے والے تمھارے ہیں صابرؔ
نہ جس کا دوست ہو کوئی غریب ہوتا ہے

صابر صاحب کے یہ دو اشعار حسرت موہانی کی شاعری کی یاد دلاتے ہیں۔

چین سے بیٹھنے کب دیتا ہے
یاد آتا ہے ستانا تیرا
وہ شباب اور جوانی تیری
اُس پہ چہرے کو چھپانا تیرا

ہمارے دور کی بھاگتی دوڑتی مصروف زندگی، رشتوں اور تعلقات کے درمیان بڑھتی ہوئی خلیجیں عصرِ حاضر کا بہت بڑا المیہ ہیں۔ عصری حسّیت کے نمائندہ، دکھوں کی ردا میں لپٹے ہوئے صابر صاحب کے یہ دو اشعار انسانی تعلقات کی بڑھتی ہوئی بے حسی کا نوحہ ہے۔

جن کی خوشبو ہمیشہ رہتی تھی
اب وہ گجرے بنا نہیں کرتے
محفلوں میں تو لوگ ہوتے ہیں
واں نہ دردآشنا ملے گا تمہیں

یہاں فکر کا تنوّع دیکھئے۔ پھول کی زندگی کے کرب کو کس درد سے بیان کرتے ہیں۔

ہو خوشی یا کہ سوگ ہو کوئی
پھول کی بھی عجیب قسمت ہے

میری ناقص رائے میں جس قدر جلدی انسان یہ صداقت جان لے، اُتنی ہی جلدی اُس کی زندگی بھی سدھر جاتی ہے۔

جھک کے ملنے ہی میں عافیت ہے میاں
جاں نکلنے میں یاں صرف اک پل لگے

صابر صاحب نے روایت سے منسلک ہونے کے باوجود عصری تقاضوں سے اغماض نہیں برتا اور اُنہیں بہ احسن وخوبی نبھایا ہے۔

تاشی ظہیر، اُردو اکیڈمی شمالی امریکہ

عکسِ خوشبو

شاعر نے کیا خوب کہا ہے:

سلیقے سے ہواؤں میں جو خوشبو گھول سکتے ہیں
ابھی کچھ لوگ باقی ہیں جو اُردو بول سکتے ہیں

صابر صاحب کی صدائے سخن کا مطالعہ کرنے سے کچھ ایسے ہی احساس نے جنم
لیا اور واقعی ایسا لگا کے ابھی کچھ لوگ اُردو بول سکتے ہیں. دورِ حاضر کے چند عظیم ناموں
میں سے ایک نام پروین شاکر صاحبہ کا بھی ہے جنہوں نے میری حقیر رائے میں نہ
صرف اُردو شاعری کو ایک نئی جہت عطا کی بلکہ ایک نئے اندازِ سخن کی روش بھی ڈالی
جس نے گلستانِ ادب کے نو مولود اشجار کی آبیاری کی اور ہم جیسے کئی طفلِ مکتب،
سخن گوئی کی راہ پر چل پڑے۔ صابر صاحب کی شاعری میں بھی اُس خوشبو کا عکس اور
جھلک دکھائی دیتی ہے. یہاں یہ کہنا بھی بے جا نہ ہوگا کہ مطالعہ کرتے ہوئے شاید میں
بذاتِ خود ٹرانسفرنس کے عمل سے دو چار ہو گیا اور صدائے سخن کو عکسِ خوشبو کی نگاہ سے

دیکھنے لگا۔ لیکن قصور تو صابر صاحب کی صدا کا ہی ہوا نا جو ہم کو یوں خوشبو کے سفر پہ لے گئی۔

آج موسم ترے آنے کی خبر لایا ہے
یہ ہوا ہے کہ مہکتی ہوئی خوشبو تیری

صدائے سخن میں روح تو عکسِ خوشبو کی ہی سجھائی دیتی ہے لیکن گلدستے میں خمار بارابنکوی صاحب اور امجد اسلام امجد صاحب کے آنگن کے پھولوں کی مہک بھی نمایاں ہے۔ دیکھئے بات کہاں سے کہاں نکل گئی اور بجائے صابر صاحب کے کلام پہ تبصرہ کرنے کے میں اپنے احساس کے چنگل میں پھنس گیا۔ یہ بھی دراصل صابر صاحب کے کلام کا ہی اثر ہے جو مجھے اس سفر پہ لے چلا۔ مختصراً عرض ہے کہ نہایت عمدہ کاوش ہے۔ صابر صاحب سے درخواست کرنا چاہوں گا کہ مشقِ سخن جاری رکھیں اور اُردو ادب کے گلستان میں یوں ہی پھول کھلاتے رہیں۔ کہیں ایسا نہ ہو کہ بقول شاعر:

کوئی ملتا نہیں ہے محرمِ راز
ہمیں کہنا ہے کچھ اپنی زباں میں

خیر اندیش

ڈاکٹر حبیب خان، ایریزونا

حمد

ہے زندگی کی یہی ایک جستجو یارب
عبادتوں میں مری بس ہو تُو ہی تُو یارب

ہر ایک سمت ہے جلوہ ترا جدھر دیکھوں
مثالِ عطر فضا میں ہے کُو بہ کُو یارب

ترے کرم کی میں تسبیح دانہ دانہ پڑھوں
بس عاجزی سے منوّر ہو میری خُو یارب

ہر ایک چیز ہے فانی سوائے تیرے یہاں

پکارتا ہے رگوں میں یہی لہو یارب

یہی ہے بس ترے صابرؔ کی عاجزانہ دعا

ترا کرم رہے دنیا میں چار سُو یارب

نعت

ہمیں بھی ایک دن آقا بلائیں گے مدینے میں
ہمیں امید ہے اک روز جائیں گے مدینے میں

ہماری دید پر احسان ہوگا آپ کا آقا
ہم آنکھوں سے ہر اک منظر لگائیں گے مدینے میں

عجب سی بے کلی رہتی ہے دل کو یا نبیؐ اپنے
سکونِ قلب ہر اک گام پائیں گے مدینے میں

ہمارے دل پہ کیا گزری ہے آقا کیا بتائیں ہم
ہم اپنے دل کی حالت کو سنائیں گے مدینے میں

بہت تاثیر ہے خاکِ مدینہ میں، سنا ہے یہ
ہم اپنی آنکھ میں سرمہ لگائیں گے مدینے میں

خوشبوئے گل سے ہے ملتی ہوئی خوشبو تیری
میری ہر سانس میں نکھری ہوئی خوشبو تیری

گر یقیں مجھ پہ نہیں پوچھ ذرا لوگوں سے
ہے ہر اک سمت میں بکھری ہوئی خوشبو تیری

ہر نظر میں نظر آتا ہے تبسم تیرا
ہر نظر ہی میں ہے اُتری ہوئی خوشبو تیری

دیکھنا چاہے اگر کوئی تری جادو گری

دیکھ لے رنگ بدلتی ہوئی خوشبو تیری

آج موسم ترے آنے کی خبر لایا ہے

یہ ہوا ہے کہ مہکتی ہوئی خوشبو تیری

سامنے سب کے لاجواب نہ کر
ہوں حقیقت مجھے سراب نہ کر

آدمی ہیں سبھی، فرشتے نہیں
اپنے چہرے کو بے حجاب نہ کر

ایک لمحہ بھی قیمتی ہے یہاں
وقت کو اس طرح خراب نہ کر

دل ہے نازک، یہ ٹوٹ جائے گا
اس سے صرفِ نظر شتاب نہ کر

تو مجھے چاہے یہ ضروری نہیں
دُور اپنا مگر شباب نہ کر

دل کا ملنا بھی کم نہیں صابرؔ
ہم ہیں اک یا کہ دو حساب نہ کر

رات ڈھلتی رہی یاد آتے رہے
رُت بدلتی رہی یاد آتے رہے

وقت رک سا گیا چاند کو دیکھ کر
سانس چلتی رہی یاد آتے رہے

رات بھر تیرے پہلو کا احساس تھا
شمع جلتی رہی یاد آتے رہے

وقت کے ساتھ یادیں بھی چلتی رہیں

عمر ڈھلتی رہی یاد آتے رہے

اک تمنّا تھی تُو، سو تمنّا مری

ہاتھ ملتی رہی یاد آتے رہے

انداز گفتگو کا جگر تک اُتر گیا
خوشبو کا جھونکا اُس پہ عجب کام کر گیا

کچھ بھی نظر نہ آیا تجھے دیکھنے کے بعد
یہ سوچتا ہوں جانے میں کس طرح گھر گیا

دیکھا تجھے تو دل نہ رہا پاس میں مرے
الزام یہ بھی عشق میں تیرے ہی سر گیا

آتا نہیں خیال میں تیرے سوا کوئی
تیری وجہ سے میرا ہنر بھی سنور گیا

دیکھا ترا جمال تو محسوس یہ ہوا
دل چاند دیکھنے کی تمنا سے بھر گیا

دونوں طرح کا کیف رہا عشق میں مجھے
صابرؔ جیا تو خوب مگر اُس پہ مر گیا

ہیں سخن ور ہمیں آزار بھی ہیں
اور کچھ لوگوں سے بیزار بھی ہیں

دل کی گہرائی میں رکھا ہے تجھے
اس خزانے کے طلبگار بھی ہیں

دیکھتے ہیں تجھے کہتے نہیں کچھ
دیکھ ہم صاحبِ کردار بھی ہیں

آنکھ اُٹھا اور تحیّر میں نہ ڈال
سامنے دیکھ پرستار بھی ہیں

دیکھتے ہیں جو ترا حسن و جمال
تو سمجھتے ہیں کہ بیکار بھی ہیں

چاہنے والا یہاں کون نہیں
ایک ہم ہی نہیں فنکار بھی ہیں

سارے اچھے نہیں محفل میں تری
اے مسیحا ترے بیمار بھی ہیں

تیرے بن دل کو بے کلی ہی سہی
دن برا شام بھی بری ہی سہی

کیسے نکلوں میں دشتِ وحشت سے
درمیاں آپ کی گلی ہی سہی

دلِ ناداں کہاں سمجھتا ہے
چلیے کچھ دیر دلبری ہی سہی

دل کو محسوس ہو ہی جاتا ہے
یاد میں تیری کچھ کمی ہی سہی

اس بہانے نظر تو آئے وہ
اک ملاقاتِ بے رخی ہی سہی

اک ہم نہیں کہ دل کو سنبھالے ہیں اور بھی
محفل میں تیرے چاہنے والے ہیں اور بھی

سب پوچھتے ہیں تیرا پتا دیکھ کر ہمیں
لگتا ہے تجھ سے اپنے حوالے ہیں اور بھی

سینے تو تھے یہ ہونٹ ترے واسطے ہمیں
لیکن دل و دماغ پہ تالے ہیں اور بھی

گفتار میں تو خیر فصاحت بلا کی ہے
انداز تُو نے حُسن میں ڈھالے ہیں اور بھی

جو سامنے ہے، صرف جہاں میں وہی نہیں
ڈھونڈو اگر تو چاند ستارے ہیں اور بھی

آپ ہی سے ہے زندگی میری
آپ کے دَم سے روشنی میری

آپ سے مل کہ یوں لگا مجھ کو
ہاں کسی سے ہے دوستی میری

پہلے دل توڑتا ہے پھر ہنس کر
دیکھتا ہے وہ بے بسی میری

شیشۂ دل پہ تُو سنبھل کے چل
کیونکہ اس میں ہے زندگی میری

عشق میں تیرے شعر لکھتا ہوں
بس تجھی سے ہے شاعری میری

وہ ہو پہلو میں اتنی خواہش ہے
دیکھ صابرؔ یہ سادگی میری

خود کو میں بھی نہ بھایا پہلی بار
میں نے جب سنگ اُٹھایا پہلی بار

میری تقدیر میں لکھا تھا وہ
جانے کس نے ملایا پہلی بار

چاہتے ہم بھی ہیں اُسے دل سے
یہ اُسی نے بتایا پہلی بار

گفتگو کی کہ ساز چھیڑا تھا
اُس نے لب جب ہلایا پہلی بار

وہ پری وَش ہے یا فرشتہ کوئی
کچھ سمجھ میں نہ آیا پہلی بار

اُس نے جادو بھری نگاہوں سے
دل پہ مرحم لگایا پہلی بار

ایک خواہش تھی آج پوری ہوئی
وہ مرے در پہ آیا پہلی بار

دوست پھر سے ہمیں ستانے لگے
گزری باتیں ہمیں سنانے لگے

وہ جو دل کے قریب ہوتے تھے
آج بے وجہ یاد آنے لگے

مِل کے آئے ہو کیا رقیبوں سے
جو ہمیں آج آزمانے لگے

اب اُنہی کا خیال رہتا ہے
دل میں کچھ اس طرح سمانے لگے

کچھ ہمیں بھی نصیب ہو خیرات
رُخ کو آنچل میں کیوں چھپانے لگے

مسکرانے کی دیر تھی اُن کے
ہم بھی صابرؔ قدم بڑھانے لگے

محبتوں کا سمندر عجیب ہوتا ہے
کنارا دور ہو لیکن قریب ہوتا ہے

بنا طلب کے وہ جھولی میں ڈال دیتا ہے
ہر اک کسی کا کہاں یہ نصیب ہوتا ہے

کسی سے بیر نہیں پیار کرنے والوں کو
جو عشق کرتا ہے سب کا حبیب ہوتا ہے

لگا کے زخم وہ مرہم بھی رکھتا جاتا ہے
کوئی بتائے کہ ایسا طبیب ہوتا ہے؟

وہ آئے یا کہ چلا جائے اپنے دل کا حال
ہمیشہ ایک سا، یعنی عجیب ہوتا ہے

بہت سے چاہنے والے تمہارے ہیں صابرؔ
نہ جس کا دوست ہو کوئی، غریب ہوتا ہے

گیت

خط ہی وہ کچھ ایسا لکھا ہے
پہل وفا کی ہم نے کی ہے
تکمیلِ وفا ہے وعدہ اُن کا
آئی بہار سنگ برکھا لے کر
پھولوں کی رُت پہ بھنورا ہے ناچے
سہاگ گیت سے چمن ہے گونجے
پریم کی رانی کی پائل باجے
رقص میں ہے وہ محو بے چاری
وفا کی دیوی برہا دیوانی

پائل سے ہے نکلا نغمہ وفا کا
دل کو بھلا اب کیسے تھامیں
قرار گیا اب ہم ہوئے تیرے
دنیا یہ ساری تجھ پہ ہے واری
اور تُو مجھ پر واری نیاری
پریم پتر ہے سامنے میرے
پورب پچھّم سے آئی صدائیں
صابرؔ کی یہ سدا دیوانی
ہے اپنی یہ پریم کہانی

اے دل ستا نہ مجھ کو

اے دل ستا نہ مجھ کو
ڈر ہے کہ بات شاید
نکلے نہ میرے لب سے
وہ آشنا نہیں ہے
لیکن طلب ہے دل میں
اک آس ہے اگر چہ
وہ روبرو ہوں اک دن
تازہ گلاب چہرہ
چہرے پہ اک تبسّم
ہونٹوں سے پھول جھڑتے
زلفوں میں مُشک و عنبر

یعنی کہ حُسن ایسا

عنقا ہو اس جہاں میں

امید رکھنا صابرؔ

دل سے دعا بھی کرنا

اک دن خدا کرے یہ

وہ سامنے ہو تیرے

صحرائے عشق

عشق اور حُسن کی ہے رنگیں شام

مجھ کو تنہا نہ چھوڑ جانِ جاں

ذرّہ ذرّہ بکھر نہ جاؤں میں

یوں ہر اک سمت

میں ہی میں ہوں گا

ایک صحرائے عشق کی صورت

تیرا سایہ پڑے گا مجھ پر ہی

میں ترے پاؤں کی زمیں ہوں گا

تُو جہاں میں جہاں بھی جائے گی

میں جہاں میں

وہیں وہیں ہوں گا

وقت نکلے نہ ہاتھ سے اس بار

کون سی ہے جگہ مری، ہمدم

یہ نظر سے مجھے تُو بتلا دے

اہلِ محفل کو کچھ پتا نہ چلے

ہوگی مجھ پر یہ مہربانی تری

دل میں تیرے مقام ہے میرا

یہ گماں دل کو میرے رہتا ہے

پر مرے دل کی بات ہے کچھ اور

چین اس کو نہ ہے قرار کہیں

منزلِ عشق کی طرف اے دوست

ہے سفر اس کا شوق سے جاری

یہ سفر رائیگاں نہ جائے کہیں

تُو نظر سے مجھے یہ بتلا دے

کیا ترا انتظار کرنا ہے

اہلِ محفل کو کچھ پتا نہ چلے

دیکھ لے مجھ کو پیار سے اک بار

وقت نکلے نہ ہاتھ سے اس بار

حوصلہ جانِ جاں

دو دلوں کا ملن
چاندنی رات میں
بات پھر بھی گئی
ہر طرف ہر جگہ
لوگ تو لوگ ہیں

پیار سے بیر ہے
خار ہیں یہ گلوں سے انہیں بیر ہے
انگلیاں ان کی پہلے بھی اُٹھتی رہیں
جبر سہنا ہے عُشّاق کا مشغلہ

حوصلہ جانِ جاں

کچھ ذرا دیر اور

اُس کی نگری میں مانا ذرا دیر ہے

ہاں مگر جان لے

پر نہ اندھیر ہے

کل جو اک فسانہ تھا

یوں ہی ایک محفل میں
اُس سے بات کی میں نے
اُس کے دل کی حالت بھی
مجھ سے ملتی جلتی تھی
وہ بھی دل شکستہ تھا
میں بھی زخم خوردہ تھا
اُس کے حُسن سے محفل
جگمگا رہی تھی یوں
جیسے رات میں جگنو
گفتگو مری شاید

اُس کے دل کا مرہم تھی

اور اُس پری وَش نے

پیار سے مجھے دیکھا

دل خدا کی قدرت پر

سجدہ ریز تھا میرا

کل جو اک فسانہ تھا

آج اک حقیقت ہے

زلزلہ

حیات کل تک
انہی پہاڑوں میں جھومتی تھی
خوشی کے جھرنے
فضا میں رقصاں تھرک رہے تھے
زمین سونا اُگل رہی تھی
شریر بچّے
ہوا کے شانوں پہ جھولتے تھے
مویشیوں کے گلوں میں گھنٹی
عجیب نغمے سُنا رہی تھی
جوان چہرے امیدِ فردا
کے خواب آنکھوں میں بو رہے تھے
بزرگ چہرے

سکوں کی چھاؤں میں
اپنے ماضی سے کھیلتے تھے
مگر زمیں کی بس ایک کروٹ نے
سارے خوابوں کو روند ڈالا
بہت سے جسموں کو زندگی سے نجات دے دی
جو بچ رہے ہیں
وہ سرد موسم میں
آسمانوں کو تک رہے ہیں
زمین والے
تو سارے غفلت کی نیند میں ہیں
خُدا ہی انساں کے روپ میں اب مدد کو آئے

چھوڑ آئے پر دل کو وہاں

تھا رات بھر جلوہ ترا

تھا حُسن کا چرچا بڑا

رُخ سے نقاب ہٹتی گئی

اک چاند تھا چہرہ ترا

سب نے کہا یہ حور ہے

ہم نے کہا اک نُور ہے

جس نے جو سمجھا کہہ دیا

سب تھے ترے عاشق وہاں

صابرؔ بھی تھا تجھ پر فدا

وہ وقت بھی آیا کہ پھر

ہم چل دیے گھر کی طرف

چھوڑ آئے پر دل کو وہاں

کتنا آسان ہے جانا تیرا
اچھّا لگتا ہے بہانہ تیرا

تُو چلا جا جہاں جانا ہے تجھے
ساتھ جائے گا دِوانہ تیرا

چین سے بیٹھنے کب دیتا ہے
یاد آتا ہے ستانا تیرا

وہ شباب اور جوانی تیری
اُس پہ چہرے کو چھپانا تیرا

یاد آتا ہے سوالوں پہ مرے
نیچی نظروں کو اُٹھانا تیرا

وہ مرا چھیڑنا تجھ کو ہمدم
اور ڈوپٹے کو گھمانا تیرا

اس زمانے کی ذرا فکر نہ کر
ہم جو تیرے ہیں زمانہ تیرا

پھر بہار آئی ہے گلدان سجایا جائے
اور گلدان پہ تتلی کو بٹھایا جائے

چہچہاتے ہیں پرندے مرے دالان میں آج
اپنے محبوب کو بھی آج بلایا جائے

مسکراتے ہوئے پھولوں کا سہارا ہے مجھے
اُس کی یادوں کے بیابان میں جایا جائے

ایک مدّت ہوئی کنگن اُسے پہنایا تھا
اب خیالات میں کنگن کو گھمایا جائے

صبح کے بھولے ہوئے شام کو آجاتے ہیں

اسی امید کو سینے سے لگایا جائے

اک نہ اک روز گھنا پیڑ یہ بن جائے گا

صبر کا بیج چلو دل میں لگایا جائے

وہ تو اپنا کہا نہیں کرتے
ہم جو کہتے ہیں، کیا نہیں کرتے؟

اک عجب حال ہے محبت میں
سوچتے ہیں صدا نہیں کرتے

ہاتھ اُٹھا کر دعا تری خاطر
وقتِ رخصت بتا، نہیں کرتے؟

گھر کا اپنے دریچہ کھولتے ہیں
دل کا دروازہ وا نہیں کرتے

جن کی خوشبو ہمیشہ رہتی تھی
اب وہ گجرے بنا نہیں کرتے

دل میں رہتا ہے اس لیے صابرؔ
ہاتھ دل سے جدا نہیں کرتے

کوئی بھی حال رہا پر تجھے بھلا نہ سکے
بہت وبال رہا پر تجھے بھلا نہ سکے

وفا کے معنی سمجھ میں کبھی نہ آئے مجھے
یہی سوال رہا پر تجھے بھلا نہ سکے

رفاقتوں کے جو وعدے تھے تُو نے توڑ دیے
بہت ملال رہا پر تجھے بھلا نہ سکے

تری حیا کا تقاضہ تھا تجھ سے دور رہیں
یہی خیال رہا پر تجھے بھلا نہ سکے

تری زباں سے جو نکلا وہ دل نے مان لیا
عجیب حال رہا پر تجھے بھلا نہ سکے

عجب نشیب و فراز آئے راہ میں صابرؔ
ہمیں زوال رہا پر تجھے بھلا نہ سکے

اب نہیں اور کوئی کام صنم
لب پہ میرے ہے تیرا نام صنم

چھوڑ دے ہاتھ تُو زمانے کا
چل مرے ساتھ بھی دوگام صنم

یہ تخاطب کا ہے اگر آغاز
ہو گا کیا؟ اس کا اختتام صنم

اور کچھ دیر میرے پاس تو بیٹھ
پھر نہیں آئے گی یہ شام صنم

گفتگو کا تری عجب انداز
اور صابرؔ کا یہ کلام صنم

شام ہوتے ہی تری یاد ستاتی ہے مجھے
اک خموشی تری آواز سناتی ہے مجھے

کام دن بھر کے بھلا دیتے ہیں کچھ دیر خیال
یاد آتی ہے تو پھر یاد ہی آتی ہے مجھے

کیا کہوں مجھ کو حقیقت کا گماں ہوتا ہے
جب تصوّر میں تُو پہلو میں بٹھاتی ہے مجھے

میرے ہاتھوں کی لکیروں میں لکھا ہے ترا نام
لاکھ دنیا ترے ہاتھوں سے مٹاتی ہے مجھے

اُس کی تصویر سجا رکھی ہے دل میں صابرؔ
اُس کی تصویر ہر اک وقت ہی بھاتی ہے مجھے

دل دکھانے سے کیا ملے گا تمھیں
چاہیے جو، بھلا ملے گا تمھیں؟

دل تو شیشے سے بھی ہے نازک شے
کرچی کرچی ہُوا ملے گا تمھیں

یہ محبّت بڑی ہی ظالم ہے
کوئی یاں، واں پڑا ملے گا تمھیں

دل محبّت سے پاس آتے ہیں
ورنہ اک فاصلہ ملے گا تمھیں

محفلوں میں تو لوگ ہوتے ہیں

واں نہ درد آشنا ملے گا تمہیں

سیکھیے پہلے عشق کا مطلب

بعد اُس کے خدا ملے گا تمہیں

سانحہ پشاور پہ ایک ماں کی آہ

یہ کیسی برق گری

پھول جل گئے سارے

یہ زندگی ہے مری یا کہ سوگ کا عالم

یہ میری گود ہے

یا موت کی اُداسی ہے

ابھی ابھی تو گیا تھا وہ مسکراتا ہُوا

پھر اُس کے بعد

فضاؤں میں خون تھا اُس کا

یہ کون لوگ تھے

جو آگ بھر گئے مجھ میں

مری نظر مرے دل کا قرار لُوٹ گئے

سنا ہے نام پہ مذہب کے جان لیتے ہیں

بھلا یہ کون سے مذہب کے پیروکار ہوئے

مرے لیے تو یہ وحشی ہیں

جن کا دین نہیں

مجھے تو میرا خدا صبر دے ہی دے گا مگر

انہیں نصیب نہ ہوگا قرار کا لمحہ

وہ اپنی قید میں بھٹکیں گے عمر بھر کے لیے

انہیں نصیب نہ ہوگا فرار کا لمحہ

لاکھ کہیے بتا نہیں سکتے
دل میں جو ہے چھپا نہیں سکتے

ایک دن سامنے تو آئے گا
جو لکھا ہے مٹا نہیں سکتے

شوق ہے عشق کا بہت اُن کو
بار لیکن اُٹھا نہیں سکتے

عام ہو جائے گی یہ دل کی بات
خود کو بھی ہم بتا نہیں سکتے

وصل تھا یا فراق تھا کیا تھا
کیا ہوا شب بتا نہیں سکتے

ایک وعدے پہ زندگی گزری
کیا تھا وعدہ بتا نہیں سکتے

ایک چاہت تھی درمیان کبھی
بات یہ ہم بھلا نہیں سکتے

عشق کی زندگی ہے لافانی
اس سے زیادہ گھٹا نہیں سکتے

کس قدر ہے کشادہ دل صابرؔ
بات تم یہ چھپا نہیں سکتے

پھول ہی سے چمن کی زینت ہے
اور چمن سے ہمیں محبّت ہے

مسکراتے ہوئے میں ملتا ہوں
ایک اچھّی یہی تو عادت ہے

نرم لہجے میں گفتگو کرنا
بعض اوقات تو مصیبت ہے

دشمنی تو نہیں مگر پھر بھی
ہاں ذرا سی مجھے عداوت ہے

یہ چنبیلی کا منڈوا اچھّا ہے
ساتھ بیٹھوں اگر اجازت ہے

شام کچھ دوست آ رہے ہیں گھر
آیئے آپ کو بھی دعوت ہے

ہو خوشی یا کہ سوگ کا عالم
پھول کی بھی عجیب قسمت ہے

کھیلتی ہے ہوا سے زلف تری
کیا ہوا سے اسے محبت ہے

تیرا چہرہ ہو یا کہ پھول کوئی
دونوں سے اپنے دل کو راحت ہے

ختم ہوتے نہیں فکر کے سلسلے
بڑھ رہے ہیں مسائل کے سب راستے

سکھ جڑا ہے یہاں دکھ کی ڈوری کے ساتھ
رشتے آپس کے ایسے نہیں ٹوٹتے

عمر یوں تو ذرا سی ہے لمبی مگر
اتنی لمبی نہیں پیار کے واسطے

دونوں اک دوسرے کے لیے ہیں بنے
ایک ہیں حُسن اور عشق کے راستے

جس قدر ہے طلب اُتنی محرومی ہے
بڑھتے جاتے ہیں دونوں طرف فاصلے

ہے قلم سے مرا عشق کا سلسلہ
چل رہے ہیں یہی عشق کے سلسلے

جھک کے چلنے ہی میں عافیت ہے میاں
جاں نکلنے میں یاں صرف اک پل لگے

شوق سے کب پہنتا ہے کوئی کفن
جس کی آ جائے صابرؔ وہ چلتا بنے

ڈائنا کرال

Diana Krall

تجھ سے بہتر ہے بھلا نغمہ سرا کوئی یہاں
تیرے انداز کا حامل نہ ہُوا کوئی یہاں

دل میں اک لہر اُٹھاتی ہیں کئی آوازیں
تیرے اعجاز کا پرتو ہے بھلا کوئی یہاں

سرو قامت ہے مری جاں ترے فن کا پیکر
ایسی تعریف کے قابل نہ بنا کوئی یہاں

یوں تو ہیں نغمہ سرا اور بھی اس دنیا میں
پر نہیں تجھ سا نہیں نغمہ سرا کوئی یہاں

تیرے سازندوں کا فن اپنی جگہ ہے یکتا
کر سکا تیری طرح لفظ ادا کوئی یہاں

اہلِ محفل کو پرکھتے ہیں بہت سے فنکار
دل کو کھینچے جو سدا، ہے وہ صدا کوئی یہاں

دعویٰ کرتے ہیں کئی نغمہ سرائی کا یہاں
جاز میں پر ترا ثانی نہ ہُوا کوئی یہاں

عشق سے کوئی دل خالی نہیں جہاں میں

قسمت کو ڈھونڈتے ہو
تمہیں یہ ذرا بتا دوں
قسمت میں جو لکھا ہے
وہ نظر کے سامنے ہے
ہر شام لے کے آتی
ہیں عشق کی ہوائیں
آنچل کے ساتھ سر سے
زلفوں کو ہیں اُڑاتی
رخسار تمتماتے

ہاتھوں کی لال مہندی

کیسی ہے پیاری پیاری

آنکھیں سیاہ کاجل

اور کالی کالی زلفیں

چہرے پہ یہ تبسّم

اور نرگسی سی آنکھیں

ہے بھینی بھینی خوشبو

یا عطر ہے فضا میں

ہونٹوں کی سرخ رنگت

اور سرخ پیرہن ہے

یہ ہار موتیوں کا

کیا خوب ہے گلے میں

یک لخت آ گئی ہے

جوبن پہ یہ جوانی

پھولوں کے درمیاں یوں

رک جانا پھر تمہارا

اس شام کیسا دلکش

پیارا سماں بندھا ہے

لایا ہوں پھول میں اک
جُوڑے میں ٹانکنے کو
سونے کے جگمگاتے
کنگن پسند والے
تحفہ یہ ایک ادنیٰ
ہے آپ ہی کی خاطر
پہنو ذرا جوان کو
ہو حُسن یہ دوبالا
مہتاب جیسا ہوگا
پھر روپ یہ تمہارا
زندہ دلی ہماری
زندہ رہے ہمیشہ
زندہ رہے گا یوں ہی
یہ پیار بھی ہمارا
دنیا رہے یہ جب تک
چرچا رہے ہمارا
بستی نگر نگر میں

گائیں گے پیار کے گیت

ہے عشق ہی کہ دم سے

دنیا تمام قائم

اور عشق سے کوئی دل

خالی نہیں جہاں میں

گیت

بادل گرجے برکھا برسے
ساون لایا پھول بہار
پپیہو بولے کوئل کُوکے
ناچے مور آنگن میں ترے
کیسا ہے سُندر تیرا سنگھار

حُسن کی دیوی پریم پُجاری
ڈھول کی تھاپ پہ ناچے گوری
تک دھنا دھن باجے پائل
ناگن جیسی لَٹ لہرائے
گلے میں چمکے جُگنو کا ہار

بال بال میں چاند ستارے
جھمکے تیرے موتی والے
نازک بدن لچکتی ڈالی
مارا تیر نظر کا ایسا
گھائل کر دیا دل کو ہمار

گیت سریلے تیرے رانی
ہونٹوں پر لالی متوالی
برہا دِوانی آنچل والی
گلے میں سکھ کی مالا ڈالی
دے کے مُجھ صابرؔ کو سہار

سدا رہے ٹُو دل کی رانی

بھیگا آنچل
آنکھوں کا کاجل
رُخ پر مَے کے موتی دمکتے
ساون لایا کالی گھٹائیں
برکھا برسے آنگن چھم چھم
بانہوں میں ہر رنگ کی چوڑی
سرخ سا آنچل
کالا پیراہن
ہیں پازیب بھی سونے والے
کیسا سما ٹُو نے باندھا گوری
کتھا چھڑی ہے اک متوالی

ہلچل مچ گئی مَن میں سارے
یہی پریم کی رِیت دِوانی
حُسن کی دیوی تجھ پر واری
صابرؔ نے لکھی پریم کہانی
سدا رہے تُو دل کی رانی

کشمیر

یہ رات بھی ڈھل جائے گی کشمیر کے لوگو
پھر صبح نئی آئے گی کشمیر کے لوگو

جاگیر تمھاری ہے یہ کشمیر کی وادی
اک دن تمھیں مل جائے گی کشمیر کے لوگو

کشمیر تمھارا ہے تمھارا ہی رہے گا
زنجیر یہی گائے گی کشمیر کے لوگو

بچھڑے ہوئے مل جائیں گے اک روز وہاں پھر
وہ عید بھی آجائے گی کشمیر کے لوگو

اللہ رہے ساتھ یہ صابرؔ کی دعا ہے
منزل تمھیں مل جائے گی کشمیر کے لوگو

سنگ تراش

کیسے کیسے تراشتا ہے بُت
جس نے بخشا تجھے یہ فن تیرا
دیوتا دیویوں کی صورت میں
اُس کے پیکر تراشتا ہے تُو
ہاں مگر اتنا جان لے یہ تُو
خاک سے جسم وہ بناتا ہے
اور پھر اُس کے اک اشارے پر
خاک میں خون دوڑ جاتا ہے
اور پھر ساری عمر وہ پتلے
آپ اپنے کو خود تراشتے ہیں
تُو ہے فنکار مانتا ہوں میں
ایسا فنکار جس کے ہاتھوں سے

پتھروں کو وہ حُسن ملتا ہے
جس سے دل میں اُمنگ جاگتی ہے
ہاں مگر اتنا یاد رکھنا تُو
وہ جو بیٹھا ہے آسمانوں پر
ہے وہی بہترین سنگ تراش
اُس کے جیسا تجھے کمال نہیں
اُس کے فن کو کبھی زوال نہیں

جلے دل کو پھر سے جلانا یہ کیسا
محبّت میں، چاہت میں تڑپانا کیسا

لکھی تھی نصیبوں میں گر آزمائش
تو پھر دو دلوں کو ملانا یہ کیسا

اگر چار دن کی ہی خوشیاں ہیں ساری
بہاروں کا مالک، فسانہ یہ کیسا

نہ شکوہ کسی سے، نہ کوئی شکایت
تو دنیا کا ہنسنا ہنسانا یہ کیسا

نبھانے کا تا عمر وعدہ کیا تھا
تو رستے میں یوں چھوڑ جانا یہ کیسا

ہر اک زخم سے خون جاری ہے صابرؔ
وفاؤں کو یوں بھول جانا یہ کیسا

دل کو روشن خواب سجانا اچھا لگتا ہے
اُن خوابوں کو تجھ سے چھپانا اچھا لگتا ہے

خواب و خیال میں ایک تصوّر تیرا رہتا ہے
خواب و خیال کا تانہ بانہ اچھا لگتا ہے

دل کو قرار نہیں اک پل بھی کیسے سمجھائیں
تُو جو نہ آئے تیرا بہانہ اچھا لگتا ہے

رات کی تنہائی میں چاند ہے اور ہے تیرا عکس
چاند کے سامنے چہرہ سہانا اچھا لگتا ہے

حمد و ثنا کرتے ہیں چمن میں تیرے آنے پر
صبح پرندوں کا یہ ترانہ اچھا لگتا ہے

دل کا چمن آباد ہے صابرؔ اُس کی یادوں سے
اُس کی یاد کے پھول کھلانا اچھا لگتا ہے

ہے قلم سے مرا عشق کا سلسلہ

چل رہے ہیں یہی عشق کے سلسلے

محفلوں میں تو لوگ ہوتے ہیں

واں نہ درد آشنا ملے گا تمہیں

انداز پبلیکیشنز کی دیگر مطبوعات

ذرا موسم بدلنے دو	سلیم کوثر
دنیا مری آرزو سے کم ہے	سلیم کوثر
محبت اک شجر ہے	سلیم کوثر
یہ چراغ ہے تو جلا رہے	سلیم کوثر
خالی ہاتھوں میں ارض وسما	سلیم کوثر
اندوختہ	انور شعور
می رقصم	انور شعور
مشقِ سخن	انور شعور
دل کا کیا رنگ کروں	انور شعور
ڈاؤنامہ	ڈاکٹر حبیب خان
مجتبیٰ حسین اور فنِ طنز و مزاح نگاری	ڈاکٹر گلِ راعنا
کچھ خواب اُٹھائے پھرتا ہوں	فیاض الدین صائب

available on www.amazon.com

OR

www.andaazpublications.com